novum pro

Manuela Kerschbaumer

Kleine Brillengeschichten

novum pro

www.novumverlag.com

Bibliografische Information
der Deutschen Nationalbibliothek:

Die Deutsche Nationalbibliothek
verzeichnet diese Publikation in
der Deutschen Nationalbibliografie.
Detaillierte bibliografische Daten
sind im Internet über
http://www.d-nb.de abrufbar.

Alle Rechte der Verbreitung,
auch durch Film, Funk und Fernsehen,
fotomechanische Wiedergabe,
Tonträger, elektronische Datenträger
und auszugsweisen Nachdruck,
sind vorbehalten.

© 2014 novum publishing gmbh

ISBN 978-3-99038-263-9
Umschlagfoto:
Zitramon | Dreamstime.com
Umschlaggestaltung, Layout & Satz:
novum publishing gmbh
Innenabbildungen: Monika Höfinger &
Gabriela F. Hirtl (22)

Die von der Autorin zur Verfügung
gestellten Abbildungen wurden in der
bestmöglichen Qualität gedruckt.

Gedruckt in der Europäischen Union
auf umweltfreundlichem, chlor- und
säurefrei gebleichtem Papier.

www.novumverlag.com

Manuela Kerschbaumer

Kleine Brillengeschichten

mit Bildern von Monika Höfinger
und Gabriela F. Hirtl

Ich widme dieses Buch allen kleinen Brillenträgern
und denen,
die es noch werden möchten.

Für..
viele lustige Stunden mit klarem Durchblick!

Inhaltsangabe

Eduard, das Brillenhäschen 7

Tipsi, die Schlange mit der Brille 18

Der Brillenparkplatz 23

So ein Pech! 27

In der Brillenfabrik 32

Das komische Ding auf der Nase 36

mini-tipps 41

Eduard, das Brillenhäschen

„Guten Morgen, Eduard", sagte Mama Langohr und streichelte ihrem kleinen Sohn liebevoll über den Kopf, „heute ist ein ganz besonderer Tag für dich, dein erster Kindergartentag."

Eduard spitzte seine langen Löffelohren und bekam riesengroße Kulleraugen.
„Oh Mann", meinte der kleine Hase, „diese Nacht ist aber besonders schnell vergangen. Da muss ich ja sofort aufstehen", und hoppelte aus dem Bett.

Zum Glück war der Kindergarten nicht weit weg, denn Eduard wollte unbedingt der Erste sein.

Er wurde auch gleich von Tante Schnuppernase begrüßt: „Komm nur herein, kleiner Mann", sagte sie und zeigte ihm seinen Garderobenplatz. Jeder Platz hatte ein anderes Bild, damit man immer gleich wusste, wo man hingehörte.

„Möchtest du den Platz mit dem Fahrradbild?", fragte Tante Schnuppernase. Aber Eduard konnte kein Fahrrad erkennen. Er sah nur so etwas Ähnliches wie eine Wolke.
Erst als er seine Stupsnase ganz weit zu dem Bild hinhielt, kam das Fahrrad zum Vorschein. Eduard wunderte sich.

Dann ging es weiter ins Spielzimmer. Dort gab es vielleicht tolle Sachen: eine große Bauecke mit ganz vielen Holzbausteinen, eine Kuschelecke zum Bilderbuch ansehen und eine Puppenküche.

„Na, Eduard, was möchtest du jetzt gerne spielen?", fragte die Kindergartentante. Aber Eduard wusste es nicht so recht. Es war alles neu.

„Weißt du was", schlug Tante Schnuppernase
vor, „wir sehen uns einmal in Ruhe um."
Eduard entschied sich für die Kuschelecke.
Er suchte nach einem Bilderbuch, das ihm
besonders gut gefiel.
MEIN BAUERNHOF stand auf der ersten Seite.
Das war für Eduard das richtige.

Aber so sehr er sich auch bemühte, er berührte
mit der Nasenspitze immer erst das Buch, ehe
aus den kleinen Wolken richtige Bilder wurden.
Und Eduard wunderte sich wieder.

Zu Mittag kam Mama Langohr, um Eduard abzuholen. Tante Schnuppernase erzählte ihr von Eduard und den Bildern, die er nicht gut sehen konnte.

„Da werden wir gleich am Nachmittag den Doktor Augenzwinker in der Sehschule besuchen. Der kann uns bestimmt helfen", bedankte sich Mama Langohr. Und gemeinsam mit Eduard machte Sie sich auf den Weg.
In der Sehschule waren noch andere Hasenkinder. Aber man konnte auch große Hasen sehen.

„Warum sind denn da so viele Leute?", fragte Eduard. „Nun, die kommen alle zu Doktor Augenzwinker, weil sie nicht so gut sehen können", antwortete Mama Langohr.

In diesem Augenblick öffnete sich die Türe und Doktor Augenzwinker kam in den Warteraum: „Ja, hallo Eduard, du kommst heute auch zu mir?", fragte der Herr Doktor und lächelte. Dann bat er Mama Langohr und Eduard zu sich.

Er zeigte Eduard kleine Zaubertafeln, auf denen man nur graue Punkte sehen konnte.
Doch wenn man die Tafeln drehte, kamen verschiedene Tiere zum Vorschein.
Das war lustig. Der Doktor fragte dann immer, was Eduard denn erkennen konnte.

Dr. Augenzwinker hatte auch eine kleine Taschenlampe, mit der er Eduards Augen untersuchte. Das tat überhaupt nicht weh. Schließlich bekam der kleine Hase noch Augentropfen. Die kitzelten allerdings ein bisschen.

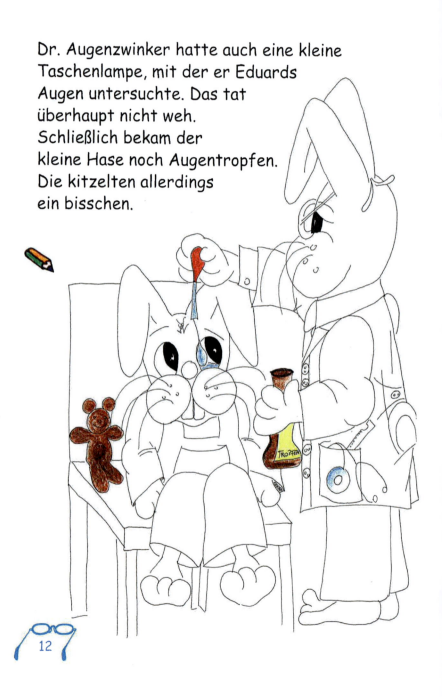

„So, Eduard, wir sind fertig", sagte
Dr. Augenzwinker. „Stell dir vor, du darfst dir
heute noch eine Brille aussuchen."
Aber Eduard wusste nicht, ob er sich freuen
sollte. Er wusste ja auch nicht, wie er mit einer
Brille aussehen würde.

Im Brillengeschäft angekommen, staunte Eduard nicht schlecht. So viele Brillen hatte er noch nie gesehen.
„Guten Tag", sagte eine freundliche Stimme. Fräulein Durchblick, die Optikerin, kam auf ihn zu.
„Hallo, ich darf mir heute eine Brille aussuchen", sagte Eduard.
„Das ist ja toll", meinte Fräulein Durchblick. „Probier doch gleich einmal eine. Ich helfe dir dabei."
Und sie zeigte ihm den großen Spiegel.

Eduard setzte eine Brille nach der anderen auf. Aber er konnte sich einfach nicht entscheiden.

Eigentlich sah er mit allen ein wenig seltsam aus. Schließlich hatte er sich selbst ja noch nie mit einer Brille gesehen.
„Mama, welche Brille soll ich denn nehmen?", fragte Eduard.
„Also mir gefallen diese rote und diese grüne mit den weißen Punkten sehr gut", antwortete Mama Langohr.

„Ja, die gefallen mir auch. Aber die blaue mit den weißen Sternen ist noch schöner", sagte Eduard.
„Dann nimm die, die dir gefällt. Es ist ja deine Brille", meinte Mama Langohr liebevoll.

Auch das Fräulein Durchblick fand, dass ihm die blaue Brille mit den weißen Sternen sehr gut passte.

Eduard konnte seine Brille gleich am nächsten Tag abholen. Er freute sich inzwischen schon darauf. Vor allem war er sehr gespannt, ob er wirklich besser sehen würde.

Am nächsten Tag holten Eduard und Mama Langohr gleich am Morgen die fertige Brille ab. Eduard war ganz aufgeregt.
Fräulein Durchblick brachte ihm ein Bilderbuch. „Jetzt schau mal", sagte sie.
Eduard blätterte in dem Buch. Tatsächlich, er musste nicht mehr mit der Nasenspitze die Seite berühren, um ein Bild zu erkennen.
„Das ist toll!!!", rief er.
Eduard wollte das Bilderbuch unbedingt fertig anschauen.

„Möchtest du nicht in den Kindergarten gehen, um deine neue Brille herzuzeigen?", fragte Mama Langohr. „Ja schon", sagte Eduard, „aber glaubst du, dass die anderen mich auslachen?" „Aber nein, warum sollten sie denn das tun?", fragte Mama erstaunt. „Eine Brille ist doch eine ganz tolle Erfindung. Damit siehst du Dinge, die du sonst nicht sehen würdest."

Und so marschierten Eduard und Mama Langohr in den Kindergarten.

„Hallo Eduard", begrüßte ihn Tante Schnuppernase, „du siehst ja toll aus mit deiner Brille. Weißt du noch, wo dein Garderobenplatz ist?"
Eduard sah von weitem schon das Bild mit dem Fahrrad. Er sauste zu seinem Platz und meinte:
„Eine Brille ist wirklich eine tolle Erfindung!"

Tipsi, die Schlange mit der Brille

Wusstest du, dass Schlangen sehr schlecht sehen können? Nein? Dafür können sie sehr gut hören, obwohl sie keine Ohren haben. Denn hören können sie mit ihrer Zunge. Unglaublich, nicht wahr?

Tipsi, eine kleine Schlange, wohnte im Zoo. Sie wurde dort geboren. Es gefiel ihr ja auch sehr gut. Bis auf eines: Sie konnte ihre Umgebung nicht so recht sehen. Von den anderen Tieren erfuhr sie immer, wie toll es hier aussehen würde und ob die Besucher nett wären, was der Zoowärter wieder so brachte und all die Kleinigkeiten, die das Leben lebenswert machten.

Eines Tages aber hörte Tipsi etwas sehr Aufregendes:

„Mit meiner neuen Brille sehe ich jetzt alles viel besser", sagte ein kleines Mädchen im Zoo.
Es stand direkt neben dem Gehege, in dem Tipsi wohnte.

„Und außerdem siehst du damit sehr hübsch aus", antwortete ihre Mutter.

Brille …, sehen …, hübsch sein … Tipsi war ganz aus dem Häuschen. Die kleine Schlange wollte auch gut sehen können und auch hübsch sein. Konnte man das denn mit einer Brille?
Es war ihr sehnlichster Wunsch, auch so eine Brille zu haben.

„Schau mal, Mama, ist diese kleine Schlange nicht niedlich!", sagte das Mädchen wieder. „Sie hat so wunderschöne Streifen auf ihrer Haut. Nur die Augen sehen so traurig aus."
„Eine Schlange kann eben nicht besonders gut sehen", erklärte die Mutter.
„Dann braucht sie auch eine Brille, so wie ich", sagte das Mädchen.
Tipsi hörte aufgeregt zu. Sie streckte ihren Kopf immer näher zum Zaun, bis sie schließlich vom Ast fiel.
„Hoppla, kleine Schlange", sagte das Mädchen mitfühlend.

„Vielleicht könnte ich der kleinen Schlange eine Brille basteln?", überlegte es weiter, bevor sie nach Hause gingen.

Tipsi versuchte ihren Körper, der jetzt wie eine Ziehharmonika aussah, wieder geradezubiegen. Dann ringelte sie sich zusammen und schlief ein.

Am nächsten Tag stand das kleine Mädchen wieder vor dem Gehege.
„Hallo, kleine Schlange, ich hab' dir etwas mitgebracht!"
Tipsi schlängelte sich näher an den Zaun.
Das kleine Mädchen hatte tatsächlich eine Brille gebastelt.
Vorsichtig band sie der kleinen Schlange die Brille um und lächelte.
Tipsi schlängelte stolz im ganzen Gehege umher. Jeder sollte ihre Brille sehen. Überglücklich betrachtete sie ihr Spiegelbild in einer Wasserpfütze.

„Hier ist es wirklich genauso schön, wie ich es mir vorgestellt hatte. Danke, kleines Mädchen", dachte Tipsi.

Sie hatte noch nicht bemerkt, dass inzwischen eine Menge Besucher vor ihrem Gehege stehengeblieben waren.
„Die sieht vielleicht lustig aus!", sagten die Leute. Doch sie wussten nicht, dass der größte Wunsch der kleinen Schlange nun in Erfüllung gegangen war.

Der Brillenparkplatz

Oma Berta war in der ganzen Stadt bekannt. Und zwar deswegen, weil sie ständig etwas suchte.

Neulich erst verbrachte sie einen ganzen Tag damit, nach ihrer Brille zu suchen. Vor allem deswegen, weil sie die Brille immer woanders hinlegte.
„Wo habe ich denn meine Augengläser bloß hingelegt?", murmelte sie und stöberte in allen Schubladen und Kästen.
Dann setzte sie sich zum Tisch und überlegte noch einmal, was sie denn an diesem Tag alles gemacht hatte:
„Also, zum Frühstück hatte ich meine Brille noch auf. Das weiß ich ganz genau. Denn in der Zeitung stand heute etwas über den Zirkus. Danach ging ich zum Markt, um Gemüse einzukaufen. Da hatte ich die Brille bestimmt noch. Ich konnte ja lesen, wie teuer die Karotten waren.

Am Nachmittag war meine Enkelin Sabine zu Besuch. Da hatte ich die Brille bestimmt auch noch. Sabine zeigte mir ja ihr Schulheft.
Und beim Abendessen hatte ich die Brille auch noch, weil sie mir fast in den Suppentopf gefallen wäre."

Aber so sehr Oma Berta sich auch anstrengte, sie konnte sich nicht erinnern, wo sie die Brille zuletzt hingelegt hatte.
Klingeling, läutete es plötzlich an der Haustüre.
„Guten Tag", sagte Herr Friedrich, der Nachbar, „könnten Sie mir vielleicht kurz Ihre Brille leihen?"
„Das würde ich gerne tun", antwortete Oma Berta, „aber ich finde meine Brille leider nicht. Ich habe schon überall gesucht."
Herr Friedrich runzelte die Stirn. „Überall bestimmt noch nicht", sagte er lächelnd und ging mit Oma Berta zum Spiegel.
„Also, jetzt schlägt`s dreizehn", lachte Oma Berta.
Ihre Brille steckte nämlich die ganze Zeit in ihren Haaren.

An diesem Tag fand Oma Berta den Platz, an dem sie ihre Brille in Zukunft immer aufbewahren wollte – ihren Brillenparkplatz.

Hast du auch schon deinen Brillenparkplatz?

So ein Pech!

Stell dir vor, du hast eine Brille. Und dieser Brille passiert etwas Unglaubliches.
Sie wird so verbogen, dass du sie nicht mehr aufsetzen kannst.
Genau das ist nämlich Sophies Brille neulich passiert. Doch zum Glück gibt's Herrn Horst, den Optiker:

Die Kinder in der ersten Klasse drängelten sich um Raffael, den neuen Mitschüler. Der Raffael konnte nämlich ganz tolle Geschichten erzählen. Dabei sprach er nicht nur mit dem Mund, sondern auch mit seinen Händen und Füßen:

„… und dann kam der Schäferhund auf mich zu. Sooooo riesige Zähne …", doch Raffael konnte nicht weiter erzählen. Denn genau bei diesem „sooooo …", das er mit seinen Händen zeigte, schrie Sophie, die direkt neben ihm stand, auf. Raffael hatte sie mit seiner Hand mitten im Gesicht getroffen.

Doch nicht nur das. Sophies neue Brille wurde dabei von der Nase geschleudert, fiel direkt hinter Raffaels Füße … und der stieg auch noch drauf.

„Ach du Schreck!", jammerte Sophie.
„Die Brille sieht ja aus, als ob eine Dampfwalze drübergefahren wäre!"
Und dicke Krokodilstränen strömten über ihre Wangen.

Sophie versuchte die Brille herzurichten, aber du kannst dir bestimmt vorstellen, was daraus geworden ist, nämlich gar nichts.
Nachdem Frau Lehrerin Fliederbusch Sophie zugeredet hatte, dass das alles nicht so schlimm wäre, denn das könne man ja wieder herrichten, packte Sophie die Brille in ihre Schultasche.
Sophies Mama, die zu Mittag kam, hatte gleich eine tolle Idee. „Wir fahren sofort zu Herrn Horst", sagte sie.

Der Optiker hatte die Brille in fünf Minuten wieder repariert.
Sophie war sehr froh.
„Wenn ich groß bin, werde ich auch Optiker", sagte sie, „dann kann ich mir selber helfen, wenn der Raffael wieder mit seinen Händen spricht!"

In der Brillenfabrik

Endlich, der langersehnte Tag war da. Konrad durfte seinen Onkel besuchen.
Der hatte nämlich eine Fabrik, in der Brillen gemacht wurden. Genauer gesagt, die einzelnen Teile für eine Brille.

Dafür waren eine Menge fleißiger Hände notwendig und natürlich auch Maschinen: Es gab eine Fräse, um das Mittelteil aus einer großen Platte herauszusägen und eine Stanzmaschine für die Bügel.

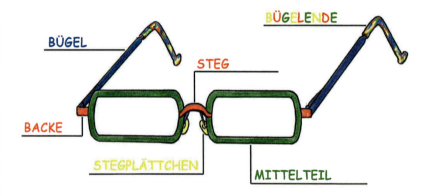

„Guten Morgen Onkel Waldemar!", rief Konrad, als dieser ihn abholte.
„Guten Morgen mein Junge. Na, bist du auch gut ausgeschlafen für die große Besichtigungstour?", fragte Onkel Waldemar. Dann machten sie sich gemeinsam auf den Weg.

Onkel Waldemar zeigte Konrad ein langes Förderband, auf das ein Arbeiter jeweils den mittleren Teil einer Brille drauflegte. Dann kam ein Greifarm und befestigte zwei Bügel daran. Am Ende des Förderbandes fiel die halbfertige Brille in einen Korb. Sobald dieser gefüllt war, mussten die Brillen noch poliert werden. Dafür waren jetzt die vielen fleißigen Hände notwendig.
Konrad sah ganz gespannt zu. Es war richtig aufregend.
„Na, Konrad, möchtest du das auch einmal versuchen?", fragte Onkel Waldemar und deutete auf das Förderband.
„Pass aber gut auf, damit du die Mittelteile richtig hinlegst!", fuhr Onkel Waldemar fort.
„Logo, Klaro", antwortete Konrad, obwohl er nicht so richtig zugehört hatte.

Onkel Waldemar ging ein paar Schritte zur Seite und Konrad fing an, die Mittelteile der Brillen auf das Förderband zu legen.
„Wie war das noch gleich?", dachte er.
„Rechtsherum … oder doch linksherum? Hmh, jetzt war guter Rat teuer.

Konrad entschied sich für linksherum. Er hatte mindestens schon zehn Teile auf das Förderband gelegt als er bemerkte, dass das genau falsch war.
Konrad sah verlegen zu Onkel Waldemar. Dieser nahm eine Brille aus dem Korb und drehte sie nach allen Seiten.
Dann schmunzelte er: „So können wir diese Brillen nicht verkaufen. Aber wir können sie verschenken. Und zwar beim nächsten Faschingsball."

Das komische Ding auf der Nase

Maximilian merkte es schon lange. Allerdings machte er ein großes Geheimnis daraus.
Er wollte und wollte einfach nicht zugeben, dass er schlechter sehen konnte als seine Freunde.

Doch bei der letzten Schuluntersuchung kam es heraus. Der Schularzt zeigte mit seinem Stab auf eine Buchstabentafel. Maximilian sollte die gezeigten Buchstaben laut vorlesen.
In der ersten und auch in der zweiten Zeile ging das noch ganz gut. In der dritten Zeile jedoch konnte er das F vom E nicht mehr unterscheiden.

„So, jetzt haben wir den Salat!", murmelte Maximilian, als ihm der Arzt den Zettel für seine Eltern mitgab. „KURZSICHTIG – Brille unbedingt nötig", stand darauf.
„Naja", dachte Maximilian, „wenn es unbedingt sein muss."

Mit herunterhängenden Mundwinkeln und dem Zettel in seiner Hand ging er zurück ins Klassenzimmer.
Er setzte sich auf seinen Platz, ließ den Kopf in seine Hände sinken und begann, alle Schulkollegen zu mustern:
„Da vorne sitzt der dicke Bruno. Der ist ja selbst schon rund und trägt auch noch eine runde Brille."

„Und dort drüben, der Rudi – mein Erzfeind, hat auch eine Brille. Wenn ich meine bekomme, kann sie der gleich runtergeben."
Dann fiel sein Blick auf Katharina, die gefiel dem Maximilian. Blonde, lange Haare, Sommersprossen. „Ob ihr wohl eine Brille gefällt?"

Kurz und gut, Maximilian machte sich den Rest des Tages nur noch Gedanken, wie er mit so einem komischen Ding auf der Nase wohl aussehen würde.
Die Tage vergingen. Maximilian war inzwischen mit seinem Vater beim Optiker gewesen und hatte sich eine Brille ausgesucht.

Und so kam schließlich der große Tag in der Schule:
Lesen war angesagt. Und zwar von der Tafel.
„Maximilian, fang bitte an", sagte Frau Hufnagel, die Lehrerin.
Etwas verlegen holte er sein Brillenetui aus der Schultasche. Katharina, die neben ihm saß, tat überraschenderweise das Gleiche.
Dann setzten beide ihre neue Brille auf.

„Ich habe meine Brille schon gestern bekommen, aber ich wollte warten, bis du deine aufsetzt", lächelte Katharina.
„Übrigens, ich finde dich echt cool mit Brille!", fügte sie noch hinzu.

Maximilian strahlte über das ganze Gesicht.
„So komisch ist dieses Ding auf der Nase ja doch nicht", dachte er und las laut und deutlich von der Tafel ab.

Und jetzt noch eine kleine Aufgabe:
Erinnerst du dich, wie man die einzelnen Teile einer Brille nennt?

☺ wenn ja, kannst du sie aufsagen oder auf die leeren Zeilen schreiben

☺ wenn nein, schau einfach auf Seite 32 nach.

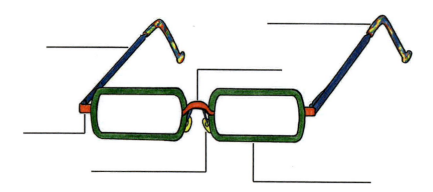

mini-tipps

☺ Nimm immer beide Hände, wenn du deine Brille aufsetzt oder herunternimmst.

☺ Lege deine Brille so nieder, dass die Gläser nach oben zeigen. Dadurch werden sie nicht zerkratzt.

☺ Suche dir einen „Brillenparkplatz", an dem du deine Brille aufbewahrst und verwende dazu ein Brillenetui.

☺ Reinige deine Brille am besten unter fließendem Wasser und benutze ein Brillenputztuch

Die Autorin

Manuela Kerschbaumer, geboren 1965 in Oberösterreich, absolvierte eine kaufmännische Ausbildung. Ihre Kinder sowie die Arbeit im Fachoptikbereich inspirierten sie zu diesem Buch.

Der Verlag

„Semper Reformandum", der unaufhörliche Zwang sich zu erneuern begleitet die novum publishing gmbh seit Gründung im Jahr 1997. Der Name steht für etwas Einzigartiges, bisher noch nie da Gewesenes.
Im abwechslungsreichen Verlagsprogramm finden sich Bücher, die alle Mitarbeiter des Verlages sowie den Verleger persönlich begeistern, ein breites Spektrum der aktuellen Literaturszene abbilden und in den Ländern Deutschland, Österreich und der Schweiz publiziert werden.
Dabei konzentriert sich der mehrfach prämierte Verlag speziell auf die Gruppe der Erstautoren und gilt als Entdecker und Förderer literarischer Neulinge.

Neue Manuskripte sind jederzeit herzlich willkommen!

novum publishing gmbh
Rathausgasse 73 · A-7311 Neckenmarkt
Tel: +43 2610 431 11 · Fax: +43 2610 431 11 28
Internet: office@novumverlag.com · www.novumverlag.com